Jan Brüggemann

Politische Leibeserziehung im Nationalsozialismus

GRIN Verlag

Bibliografische Information der Deutschen Nationalbibliothek:

Die Deutsche Bibliothek verzeichnet diese Publikation in der Deutschen National-
bibliografie; detaillierte bibliografische Daten sind im Internet über http://dnb.d-
nb.de/ abrufbar.

Impressum:

Copyright © 2012 GRIN Verlag GmbH
Druck und Bindung: Books on Demand GmbH, Norderstedt Germany
ISBN: 978-3-656-29900-4

GRIN - Your knowledge has value

Der GRIN Verlag publiziert seit 1998 wissenschaftliche Arbeiten von Studenten, Hochschullehrern und anderen Akademikern als eBook und gedrucktes Buch. Die Verlagswebsite www.grin.com ist die ideale Plattform zur Veröffentlichung von Hausarbeiten, Abschlussarbeiten, wissenschaftlichen Aufsätzen, Dissertationen und Fachbüchern.

Besuchen Sie uns im Internet:

http://www.grin.com/

http://www.facebook.com/grincom

http://www.twitter.com/grin_com

Politische Leibeserziehung im Nationalsozialismus

Referatsausarbeitung zum Seminar „Entwick-
lungslinien der Sportpädagogik – von der Leibeserziehung zum Schulsport"

Jan Brüggemann

Universität Kassel
Semester: Sommersemester 2012

1

Inhaltsverzeichnis

1. Einleitung

Die Leibeserziehung ist einer der Eckpfeiler des Nationalsozialismus (NS) und vermittelt eine kämpferisch-sportliche Ausbildung. Die Kampfleistung ist das Mittel der Leibeserziehung und beginnt unbewusst und wird über das bewusste Bewegen zur kämpferischen Leistungsfähigkeit geführt. In dieser Erziehung galt vor allem das Dogma: Dein Volk ist alles, du bist nichts! Dieser Satz verdeutlicht die intensive Leibeserziehung, da der gesamte Körper nicht nur sportlich, sondern auch geistig indoktriniert werden musste (Vgl. Ueberhorst, 1976, S.83, 85). Das NS-Regime wollte so seine Ideologie und Beeinflussung in der Jugend festsetzen und konnte sich in Zukunft fast sicher sein, dass es auf die volle Unterstützung des Volkes zählen konnte.

Der Einfluss der Leibeserziehung war von enormer Bedeutung, denn sie war einer der entscheidenden Gründe, um die Jugend auf den Krieg vorzubereiten. Eine so große Beeinflussung in der Entwicklung der Kinder und Jugendlichen verdeutlicht, dass es für uns eine große Aufgabe ist, sie zu selbstständigen und mündigen Erwachsenen zu erziehen. Der Sport nimmt hier einen hohen Stellenwert ein, weil er dazu beiträgt, dass eine ganzheitliche Bildung gewährleistet wird.

In dieser Referatsausarbeitung werde ich mit der Leibeserziehung im Nationalsozialismus befassen. Ich möchte einen kurzen Einblick in die einzelnen Einflüsse geben, wie zum Beispiel: Wie hat der Lehrerbund reagiert und wie verlief der Einfluss in der Hitlerjugend oder beim Bund Deutscher Mädel? Eine kurze Definition über die Leibeserziehung wird gegeben und ein Bezug zum geschichtlichen Kontext wird hergestellt. Der Lehrerbund, sowie die Jugendverbände (HJ und BDM) werden behandelt und ein abschließendes Fazit wird gezogen.

2. Definitionen
2.1 Definition der Leibeserziehung

Die Leibeserziehung entstand in den 20er Jahren und sollte „ein neues Erziehungsprinzip ein[führen mit dem Ziel] ein fachübergreifendes Gegenstück zur intellektuellen Bildung innerhalb des Ganzen der schulischen Erziehung darzustellen" (Bernett, 1992, S. 272). Sie stellt eine Parallele zur Musik- und Kunsterziehung dar und beinhaltet die Gesundheits-, Bewegungs-, Körper-, Haltungs-, Leistungs- und Spielerziehung. Die Leibeserziehung hat den Auftrag, jedem Menschen seinen Leib vom Grund auf (dem Körperbau), in Bezug auf seine Umgebung (Welt), sozial und kommunikativ (Mitmenschen) erschließen zu lassen. Eine ganzheitliche Erziehung steht im Vordergrund. Hierfür gibt es heute den Begriff der Sportpädagogik (Vgl. Bernett, 1992, S. 272).

2.2 Definition der Sportpädagogik
Die Sportpädagogik ist eine „wissenschaftliche Disziplin [...], die sich auf die Zusammenhänge von Sport und Erziehung bezieht [und] theoret. Grundlagen für

eine sportlich-erziehbar[e] Praxis [liefert], durch die die menschl. → Entwicklung gefördert und die Lebensgestaltung bereichert wird" (Grupe & Kurz, 1992, S. 438).

2.3 Nationalsozialistische Leibeserziehung

Die Leibeserziehung im Nationalsozialismus baut auf „den weltanschaul. Grundlagen des NS (→ Antisemitismus, […], Rassenlehre, Sozialdarwinismus, → Faschismus) sowie den Erfahrungen der „Kampfzeit" [auf]" (Begov & Fischer, 1992, S. 333). Im NS bekam die Leibeserziehung politischen Charakter, da für Hitler und seine Gefolgsleute Sport das wichtigste Erziehungsziel gewesen ist, auf dem sich unter anderem das NS-Regime aufbaute. Der Körper sollte so trainiert werden, dass er leistungsfähig für den Krieg sei. Dies geschah durch Trainingsplätze, die dem Kriegsschauplatz sehr ähnlich waren. Die Ideologie des NS-Regimes wurde durch diese Trainingsmethode verschleiert, so dass der Geist der Sturmabteilung mit dem Geist der Leibeserziehung gleichgesetzt wurde (Vgl. Begov & Fischer, 1992, S. 333).

3. Geschichtlicher Kontext
3.1 Enstehung

Die nationalsozialistische Leibeserziehung findet ihren Ursprung in Punkt 21 des NSDAP Parteiprogrammes vom 24.02.1920, indem es heißt, dass die Volksgesundheit gestärkt werden soll und eine Sport- und Turnpflicht gesetzlich festgelegt werden solle. Diese Auffassung wurde durch Hitlers Lehrsätze aus „Mein Kampf" ergänzt. Er forderte in seinem Buch, dass Kinder und Jugendliche ihren Körper täglich mindestens zwei Stunden trainieren bzw. sich körperlich betätigen sollten, in verschiedensten Sportarten. Parallel zu dieser Forderung wurde die SA („Turn- und Sportabteilung", später „Sturmabteilung") gegründet. Sie diente der Festigung und dem Zusammenhalt der Mitglieder und löste Probleme, die der NSDAP im Wege standen, mit Gewalt (Vgl. Joch, 1981, S. 701 f.). Aus den Bestimmungen der bayerischen Schulen über das Turnen von 1927 lassen sich unter anderem folgende Persönlichkeitswerte entnehmen: Ordnung, Willenskraft, Pünktlichkeit, Kameradschaftlichkeit, Entschlusskraft und Pflichtbewusstsein (Vgl. Ueberhorst, 1976, S. 81). Diese Tugenden waren in der Leibeserziehung des Nationalsozialimus von entscheidender Bedeutung, da sie das verkörperten, wofür die sportliche und vaterslandsliebende Jugend steht. Hitler wollte eine Jugend, die herrisch, grausam, gewalttätig und unerschrocken ist; die aber auch schön und stark sei. Letztlich wollte er die deutsche Jugend zu einem Gottmenschen erziehen, der als Kultbild gelten sollte (Vgl. Prohl, 2010, S. 56).
Ab 1933 werden deshalb in allen Schulen fünf Stunden Sport unterrichtet, so dass Sport zum wichtigsten Schulfach wird. Das Ansehen der Sportlehrer steigt durch diese Form enorm und Sport ist das am besten durchsturkturierteste Fach und wird bei jeder Schule zum Aushängeschild (Vgl. Prohl, 2010, S. 57).

3.2   Höhepunkte
3.2.1 Olympische Spiele

Die Olympischen Spiele (OS) fanden 1936 in Deutschland statt. In Deutschland war das NS-Regime zu Beginn nicht glücklich über die Austragung der OS, doch dies änderte sich, da man den propagandischen Wert an den OS erkannte. „Die Propaganda suggerierte der Öffentlichkeit die Überzeugung, daß es 1936 um die Ehre und Ansehen [gehe]" (Bernett, 1985, S. 85). Ab 1934 wurden die Spiele mit einem großen Aufwand beworben, z.B. hatte jede Schule den Auftrag Werbung zu machen. Es wurden verschiedenste Aufsätze in der Schule geschrieben, die für propagandische Zwecke genutzt worden sind (Vgl. Bernett, 1985, S. 85 f.). Die OS wurden mit einer propagandischen Rede des NS-Regimes eingeleitet, aus der man erkennen konnte, dass die Spiele nur durch die Politik ermöglicht worden sind. Das Ziel der deutschen Führung war es, die Spiele als Machtanschauung der deutschen Stärke und Organisation zu präsentieren – dies gelang ohne Probleme, da sich systematisch auf sie vorbereitet worden ist (Vgl. Joch, 1982, S. 727 f.).

Den absoluten Höhepunkt bildete die Eröffnungsfeier, bei der mehr als 100 000 Zuschauer zusahen, wie die deutschen Jungen als Helden und die Mädchen als Mütter dargestellt worden sind. Das innerpolitische Ziel (Stärkung der innerpolitischen Ansicht und Bestärkung der NSDAP-Weltanschauung) wurde vollkommen erreicht. Dies zeigte sich noch einmal später, als alle Nachberichte (Filmnachbereitung) eine erneute Begeisterungswelle auslöste (Bernett, 1985, S. 87 f.).

3.2.2 Deutsches Turn- und Sportfest – Der Jahn-Mythos

Dieses Turn- und Sportfest fand seit 1918 statt, erlangte aber während der Zeit des NS einen besonderen Stellenwert, weil sich die politische Führung präsentieren und ein Eckpfeiler des NS (der Sport) besonders hervorgehoben werden konnte (Vgl. Joch, 1982, S. 704).

Die Verehrung von Jahn spielte bei diesen Festen eine entscheidende Bedeutung, denn er war der Gründervater des Turnens in der heutigen bekannten Form. Im NS entwickelte sich ein Jahn-Kult, da er zu den großen Deutschen und Ahnvätern des NS gezählt wurde. Jahn habe ein eigenes Kulturvolk in Deutschland schaffen wollen und ihm sei es zu verdanken, dass es das Deutsche Turn- und Sportfest gebe. Alfred Baeumler, ein Philosoph und Pädagoge des Nationalsozialismus, unterstützt die Position Jahns und räumt ihm die wichtigsten Merkmale der Leibeserziehung ein. Jahns sportliche Erziehung stehe für alles, was die NS-Leibeserziehung unter anderem fordere: Führertum, Leidenschaft und Aktivismus. Hierbei sei allerdings zu bedenken, dass das NS-Regime verschiedenste Auffassungen und Erziehungsstile für sich so gedeutet hat, dass es zu ihrer Ideologie passte (Vgl. Joch, 1985, S. 719 f.).

3.3   Das Ende – Der Beginn des Krieges

Der Start des Krieges im Jahre 1939 hatte gravierende Einschnitte für den Schulunterricht zu verzeichnen. Der Sportunterricht war hier sehr eingeschnitten, da 75% der Leibeserzieher im Kriegseinsatz waren. So wurde der Unterricht von Hilfslehrern und Studenten bewerkstelligt. Der Auftrag von Seiten der Regierung für den Sportunterricht lautete: Ausschließlich Fußball und Boxen sollten intensiv unterrichtet werden (Vgl. Bernett, 1985, S.102).

Das Kriegsjahr 1941 forderte den Einsatz der gesamten deutschen Bevölkerung für den militärischen Sieg. Aus diesem Grund wurden nun die Mädchen im Wettkampf unterrichtet, um den Willen, den Charakter und Leistungsgedanken zu schulen. Allerdings wurde bei den Mädchen daraufgeachtet, dass dieser Unterricht ein Gegengewicht zum Einzelgängetum bilde. So sollte die Gemeinschaft nicht gefährdet werden (Ueberhorst, 1976, S. 84 f.).

4. Nationalsozialistischer Lehrerbund

4.1 Entstehung

Der Nationalsozialistische Lehrerbund (NSLB) wurde offiziell am 21. April 1929 in Hof (Bayern) von Hans Schemm (1891–1935) gegründet. Neben Hans Schemm waren noch 23 andere Lehrkörper anwesend. Zuvor gab es jedoch bereits verschiedene Treffen unterschiedlicher Lehrer während des Reichsparteitages der NSDAP am 3./4 Juli 1926 (Vgl. Schäffer, 2012, Art. 44923). Das Ziel dieser Gruppierung war, durch Indoktrination die nationalsozialistische Philosophie in der Bildung zu verankern und durchzusetzen. Besonders auf das kulturelle, religiöse und erzieherische Gebiet sollte ihre Auffassung mit aller Macht durchgedrückt werden. Jedoch war der NSLB zu diesem Zeitpunkt zu klein, um seine Ziele zu erreichen. Die Mitglieder begannen deshalb, die anderen Lehrerverbünde zu zerstreuen und ihre Position zu festigen.

Der redegewanndte Hans Schemm begann mit propagandistischen Reden umherzufahren und möglichst viele Lehrer abzuwerben. 1932 hattte er hiermit 6000 Mitglieder sammeln können (Vgl. Bernett, 1973, S.59). Der Grund hierfür war einfach. Das Reformprogramm konnte man nicht als solches bezeichnen. Es wurden lediglich die Akademisierung der Lehrerbildung, Einführung der Gemeinschaftsschule und den „rücksichtslosen Kampf gegen die zum größten Teil liberalistisch, marxistisch und demokratisch verseuchten Lehrerverbände" als Ziel verfolgt (Vgl. Schäffer, 2012, Art. 44923).

Als die NSDAP 1933 die Macht an sich riss, waren überwiegend Volkshochschullehrer in der NSLB integriert und halfen Schemm eine „Erzieherfront" zu bilden. Am 8./9. April 1933 wurde in Leipzig die Gründung der „Deutschen Erziehergemeinschaft" verkündet. Durch die Machtübernahme der NSDAP wurde es dem Lehrerbund leicht gemacht Mitglieder zu werben. Lehrerverbände wurden mit List und Tücke integriert. Auch die Turn- und Sportlehrerschaft wurde auf diese weise integriert. Da dies zu Wiederstand führte, wurden die Lehrerverbände zunächst bis 1934 „gleichgeschaltet". 1936/37 wurden dann die letzten Verbände, die sich widersetzt hatten, eingegliedert. Somit hatte der NSLB 97% der Erzieher (320.000) als Mitglieder gewonnen (Vgl. Bernett, 1973, S. 60). Durch die Eingliederung der Lehrverbände mussten neue Organisationsstrukturen her. Diese wurden zunächst nach Fachgruppen aufgeteilt, welche dann wieder verworfen und durch 18 „Sachgebiete" ersetzt wurden. Die Terminologie dieser Sachgebiete veränderte sich dabei mehrfach (Vgl. Bernett, 1973, S. 61). Bereits 1934 wurde das „Haus der Erziehung" errichtet, welches ab 1937 für zentrale Schulungslager verwendet wurde (Vgl. Bernett, 1973, S. 60). 1943 wurde der NSLB von der Finanzverwaltung stillgelegt. Die komplizierte Verbandsstruktur wurde dem Bund zum Verhängnis. Die Verwaltung und Organisation verschlang ein Großteil der Gelder, die für den Krieg benötigt wurden (Vgl. Schäffer, 2012, Art. 44923).

4.2 Eingliederung des Sportlehrertums

Die Eingliederung und Gründung des Reichsverbandes deutscher Turn-, Sport- und Gymnastiklehrer ist nicht mehr vollständig überliefert. Um dennoch eine schlüssige Rekonstruktion herstellen zu können, sollte man zunächst dem Ursprung des Verbandes auf den Grund gehen (Vgl. Bernett, 1973, S. 62).

Das Jahrbuch für Leibesübungen beschreibt 1932 folgende Verbände:
Verband deutscher Sportlehrer (A. Jurtschat).
Deutscher Turnlehrer-Verein (H. Altrock).
Reichsverband der Fachturnlehrer (E. Klinge).
Verband deutscher Diplom- Turn- Sportlehrer.
Vereinigung der Akademischen Turn- und Sportlehrer (P. Jaeck).
Deutscher Gymnastik- Bund (F. Hilker) (Vgl. Bernett, 1973, S. 62).

Der Verband deutscher Sportlehrer unter Jurtschat gliederte sich als als erstes dem neuen Reichsverband der freien Turn- und Sportlehrer e.V an. Anschließend schlossen sich einige Gymnastik und Tanzlehrer dem Reichsverband an (Vgl. Bernett, 1973, S. 63).
6./7. April 1933 wurden die Leiter der Sportlehrerverbände nach Döberitz beordert und vor vollendete Tatsachen gestellt. Es wurde ihnen verkündet, dass der NSLB „die alleinige Bildungsgemeinschaft der deutschen Lehrer" sei. Die Sportlehrer waren gewillt sich zu integrieren, unter der Prämisse, dass ihre bisherigen Ziele weiter verfolgt werden würden. Dies wurde dem Großverband zugesichert, worauf er sich vollständig integrierte (Vgl. Bernett, 1973, S. 63).
Auch der Reichsverband der Fachturnlehrer war gewillt sich im Zuge der Gleichschaltung unterzuordnen. 29 April 1933 wurden beide Verbände offiziell aufgelöst (Vgl. Bernett, 1973, S. 64).
Der neue Großverband benötigte eine Führung. Von hier an begannen die organisatorischen Probleme. Es begann bereits mit der Terminologie des neuen

Amtes, über die nicht nachvollziehbare Ernennung der Führung, bis hin zum Versuch den Vereinscharakter mit einer aufgabenorientierten Neugliederung zu umgehen (Vgl. Bernett, 1973, S. 65).

4.3 Ziele

Das Ziel der NSLB im Bereich „Sport" war die „politische Leibeserziehung". Durch den Sport wollte man Einfluss auf die Kinder und Jugendliche haben. Es wurde das nationalsozialistische Gedankengut verbreitet, sodass sich die Jugendlichen nach ihrer Ausbildung nahtlos in den Staat einfügen können. Für A. Hitler war der jugendliche Körper eine formbare Hülle, die man lenken könne. Diese Hülle sollte entsprechende Voraussetzungen erfüllen. An dieser Stelle tritt die Leibeserziehung in den Vordergrund. Der Körper sollte nichts Zartes mehr an sich haben, er sollte keine Schmerzen fürchten, stark und schön sein. Somit ist die „politische Leibeserziehung" sehr umfassend. Zum einen soll der Körper abgehärtet sein und zum anderen soll der Geist der Kinder beeinflussbar sein. So schreibt Hitler, dass ihm am liebsten wäre, wenn die Jugendlichen sich ausschliesslich das aneignen, was sie im Spieltrieb lernen. Hitler wollte in Kriegszeiten den perfekten Soldaten und nach dem gewonnenen Krieg den perfekten Bürger, der seine Bedürfnisse hinter dem des Volkes stellt.

Auch die Mädels verfolgten im Grunde dieselben Prinzipien der Leibeserziehung: Volk, Wehr, Rasse und Führertum. Allerdings mussten die Damen zusätzlich auf ihre „künftige Bestimmung als Mutter und Erzieherin der Kinder vorbereitet" werden. Um dies verwirklichen zu können, musste der NSLB die Sportlehrer auf seine Seite holen.

4.4 Umsetzung

Um diese Ziele erfüllen zu können, musste einiges geändert werden. Zunächst, wurde die Stundenzahl des Turnunterrichtes erhöht. 1935 auf 3 Stunden die Woche und ab 1937 auf 5 Stunden pro Woche. Dies galt für alle Altersstufen. Es wurde angeordnet, dass die Kommandosprache der Sturmabteilung im Turnunterricht zur Geltung kommen muss, um die Jugendlichen auf den Wehrdienst vorzubereiten. Außerdem standen kämpferischen Mannschaftssportarten wie Fußball im Fokus des Sportunterrichtes, sowie Boxen, Robben, Schleichen, Hinlegen, Hindernisklettern, Kriechen, uvm. Zusätzlich zum Turnunterricht wurden Geländespiele, mit einher gehender Lagerausbildungen, unternommen. Auch vor den Hochschulen wurde kein hald gemacht. Nur wer anfangs zwei und später drei Semester sportliche Grundausbildung absolviert hatte, durfte weiter studieren.

Auch vor den angehenden Turnlehrer wurde kein haltgemacht. Diese mussten vor Abschluss ihrer Ausbildung ein Prüfungslehrgang in der „Führerschule" absolvieren. In dieser wurden nicht nur militärische Schulungen abgehalten, sondern auch ideologische. Auch hier ist wieder eine art Doppelauftrag der Turnlehrer erkennbar. Körper stählen und den Geist brechen bzw. formen.

Neben den schulischen Reformen wurden noch andere Wege eingeschlagen, um die Jugend zu formen und auf den Krieg vorzubereiten. Hierbei sind besonders die Hitlerjugend und der Bund deutscher Mädels zu nennen.

5. Jugendverbände

Die Jugendverbände sind eine Folge des erweiterten Sportprogrammes, welches von Hitler eingeführt wurde. Zunächst waren dies freiwillige Zusatzangebote nach der Schule. Sie halfen den Jugendlichen sich von ihren Eltern abzukoppeln und selbstständig was zu unternehmen. Dieser Abkopplungsprozess war einer der Gründe, warum die Hitlerjugend sowie und vor allem der Bund deutscher Mädels einen großen Zulauf hatte.

5.1 Hitlerjugend (HJ)

Die HJ war eine der wirkungsvollsten Methoden gewesen, die Kinder und Jugendlichen zu formen und zu manipulieren. Sie gründete sich aus der Großdeutschen Jugendbewegung. Diese wurde beim ersten Parteitag der NSDAP am 26 Juli 1926 zur HJ umbenannt. Diese blieb der Sturmabteilung direkt unterstellt. Als 1932 die HJ verboten wurde, stiegen die Mitgliederzahlen rapide an. Der Reiz des verbotenen hatte für diesen Ansturm gesorgt.

Als Hitler 1933 an die Macht kam, wurde die Werbetrommel für die HJ gerührt. Es wurde mit Ausflügen, Sport und anderen Freizeitgestaltungen geködert. Für die musisch begabten Jugendlichen wurden Fanfarenzüge oder Theaterspiele zu Werbezwecken verwendet.

Im selben Jahr verbot die NSDAP alle Parteien. Dies hatte zur Folge, dass auch die HJ eine Gleichschaltung aller Jugendbewegungen forderte. Wenn es nur eine Partei gibt, dann soll es auch nur eine Jugendorganisation geben.

Als 1936 das Gesetz erlassen wurde, welches die HJ neben der Familie und der Schule als Erziehungsstätte legitimiert, nahm der Einfluss des Staates auf die HJ zu. Dies hatte aber den Vorteil, dass die Mitgliederzahlen stetig stiegen. Bis 1938 verzeichnete die HJ knapp sieben Millionen Mitglieder. Damit war dies der größte Jugendverband weltweit.

Die HJ wurde wie die Schule dazu verwendet, die NS- Ideologie zu verbreiten. Neben der ideologischen Ausbildung stand vor allem die körperliche im Vordergrund. Die Jugendlichen gingen Zelten, spielten kampfbetonte Sportarten, machten Gelände- und Hindernisläufe, lernten mit Gewehren zu schießen, warfen Stabgranaten uvm. Durch die Ausflüge wurde das Gruppengefüge und das Wir-Gefühl gesteigert.

5.2 Bund deutscher Mädel (BDM)

Der BDM wurde ähnlich aufgebaut wie die Hitlerjugend (HJ) Die Organisations-einheit der männlichen Jugend wurden eins zu eins übernommen. Auch hier wurden die Kinder in verschiedene Altersklassen unterteilt: Die Mädchen bis zum Alter von 14 Jahren waren im „Jungmädelbund" (JMB) zusammenge-schlossen, die Jugendlichen im Alter bis 18 Jahren im eigentlichen „Bund deutscher Mädel" (BDM). Für die älteren Damen zwischen 18 und 21 Jahren gab es das „BDM-Werk Glaube und Schönheit." Dieses wurde im Jahr 1938 gegründet und sollte vor allem die Lücke zwischen BDM und NSF schließen, in die erst die volljährigen Frauen aufgenommen wurden.

Lediglich für die Altersgruppe bis zur Volljährigkeit war die Mitgliedschaft freiwillig. Meist wurden aber die kompletten BDM-Jahrgänge in „Glaube und Schönheit" übernommen. Im BDM galt das Führerprinzip (Einfache Stabliniensystem). Das heißt, dass die weiteren untergeordneten Führerinnen bestimmt und nicht demokratisch gewählt wurden. Diese Führungshierarchie sollte die Mädels an die bedingungslose Unterordnung unter einen Befehl gewöhnen. Innerhalb der gesamten Hitlerjugend blieb der BDM der männlichen Jugend klar untergeordnet.

Wie bereits oben erwähnt, standen körperliche Ertüchtigung und ideologische Schulungen im Mittelpunkt der BDM-Arbeit. Mit attraktiven Freizeitangeboten sollte zunächst Sympathie für das Regime bewirkt werden. Anschließend sollten die Mädchen zu überzeugten Nationalsozialistinnen gemacht werden. Sportliche Wettkämpfe und Übungen wurden wöchentlich durchgeführt. Die mehrtägigen Ausflüge und Lager hatten ebenfalls den Zweck der körperlichen Ertüchtigung. Diese hatten auch das Ziel, das Gemeinschaftsgefühl im Sinne einer nationalsozialistischen Volksgemeinschaft zu stärken. Besondere Bedeutung für die ideologische Schulung hatten die wöchentlichen Heimabende. Neben praktischen Unterweisungen (Nadelarbeit, Werkarbeit) wurde hier vor allem NS- Gedankengut vermittelt.

Innerhalb des BDM gab es in Form sogenannter „Leistungsabzeichen" regelmäßige Prüfungen, in denen praktische wie ideologische Konformität nachgewiesen werden musste. Prüfbereiche dieser Leistungsabzeichen waren unter anderem „Sport", „Weltanschauung", „Gesundheitsdienst." Vor 1933 und auch in der ersten Zeit nach der Machtergreifung stand das Ideal des starken und kämpferischen Mädel im Vordergrund, das mit den Jungen durchaus mithalten konnte. Nach Einführung der Zwangserfassung wurde in den Mittelpunkt die Vorbereitung auf klassische Frauen-tätigkeiten gestellt: Erziehungs-, Pflege- und Schwesterntätigkeiten, Hauswirtschaft. Über allem stand die Vorbereitung auf die Rolle als Mutter. Sportliche Tätigkeiten und Wettkämpfe wurden deutlich zurückgenommen (Vgl. Kleinhans, 2012, Art. 121).

6. Fazit

Die Jugend im Nationalsozialismus wurde so intensiv von Seiten der Politik gesteuert wie es bis zu diesem Zeitpunkt bzw. bis heute sonst der Fall gewesen ist. Struktur und Organisation, sowie Indoktrination waren der wesentliche Bestandteil dieser Steuerung. Die Politik achtete von Anfang an in der Erziehung darauf, dass die Kinder und Jugendlichen eine Begeisterung für den Nationalsozialismus entwickelten und alles für diesen geben würden. Die Leibeserziehung spielte hierbei eine entscheidende Rolle. Sie verlangte, dass alles für das eigene Land gegeben werden würde, egal um welche Situation es sich handelte.

Der Sport wurde zum zentralen Medium und zeigte in den Olympischen Spielen seine zentrale Bedeutung als die Politik durch dieses Sportereignis seine Ideologie zeigen konnte. Propaganda konnte so offiziell bei einem weltlichen Sporteignis gemacht werden und der Welt wurde verdeutlicht, wie groß der Einfluss der deutschen Stärke sei.

Leistungsbereitschaft und absoluter Siegeswille, waren die zentralen Bausteine, meiner Meinung nach, in der Leibeserziehung. Dies lag daran, dass vor allem Boxen und Fußball als populärste Sportarten unterrichtet worden sind. Im Boxen geht es um die Stärke und Durchsetzungskraft, beim Fußball um den Kameradschafts-gedanken und die Zweikampfstärke – alles betrachtet aus NS-Ideologie.

Der NSLB übernahm die entscheidende Rolle, da er für die Ausführung der politischen Vorstellung der Leibeserziehung diente. Wäre der NSLB nicht in dieser Form aufgetreten, so hätte die Leibeserziehung nie einen solchen Einfluss und Erfolg gemacht.

Das Beispiel des Nationalsozialismus zeigt uns, dass jede/r Sportlehrer/in einen entscheidenden Einfluss auf die Entwicklung der Kinder und Jugendlichen hat. Diese Position kann, wie im NS geschehen, ausgenutzt werden oder aber so gestaltet werden, dass der gesamte Körper ohne Ideologieansatz trainiert wird. Die Kinder und Jugendlichen müssen zu einer gesunden Lebenseinstellung erzogen werden, bei der allen anderen Fächern aber eine ebenso entscheidende Rolle zu kommt wie dem Sport. Dies war der entscheidende Unterschied zum NS.

7. Literaturverzeichnis

Begov, F. & Fischer, K. (1992): Nationalsozialistische Leibeserziehung. In P. Röthig et al. (Hrsg.), *Sportwissenschaftliches Lexikon* (6. völlig neu bearb. Aufl.) (S. 333). Schorndorf: Hofmann.

Bernett, H. (1985): Sportunterricht an der nationalsozialistischen Schule. Der Schulsport an den höheren Schulen Preußens 1933 – 1940. Sankt Augustin: Hans Richarz.

Bernett, H. (1973): *Untersuchungen zur Zeitgeschichte des Sports*. Schorndorf: Hofmann.

Grupe, O. & Kurz, D. (1992): Sportpädagogik. In P. Röthig et al. (Hrsg.), *Sportwissenschaftliches Lexikon* (6. völlig neu bearb. Aufl.) (S. 438). Schorndorf: Hofmann.

Joch, W. (1981): Sport und Leibeserziehung im Dritten Reich. In H. Ueberhorst (Hrsg.), *Geschichte der Leibesübungen. Band 3/2* (S. 701 – 742). Berlin: Bartels und Wernitz.

Kleinhans, B.: BDM – Bund Deutscher Mädel. In S. Mannes et al. (Hrsg.), *Arbeitskreis Shoa.de e.V.*. Zugriff am 22.09.2012 unter: http://www.zukunft-braucht-erinnerung.de/drittes-reich/herrschaftsinstrument-partei/121.html.

Prohl, R. (2010): *Grundriss der Sportpädagogik*. (3. korrigierte Aufl.). Wiebelsheim: Limpert.

Schäffer, F.: *Nationalsozialistischer Lehrerbund (NSLB), 1929 – 1943*. In F. Kramer et al. (Hrsg.), *Historisches Lexikon Bayerns*. Zugriff am 22.09.2012 unter: http://www.historisches-lexikon-bayerns.de/artikel/artikel_44923.

Ueberhorst, H. (1976): *Carl Krümmel und die nationalsozialistische Leibeserziehung*. (Turn- und Sportführer im Dritten Reich, Bd. 4). Berlin: Bartels und Wernitz.